DU SYSTÈME ACTUEL

DE LA

DETTE PUBLIQUE

ET

DE L'AMORTISSEMENT.

PARIS. — IMPRIMERIE DE FAIN, RUE RACINE, N° 4,
PLACE DE L'ODÉON.

DU SYSTÈME ACTUEL

DE

LA DETTE PUBLIQUE

ET DE

L'AMORTISSEMENT,

ET

DES OBSTACLES QUE CE SYSTÈME OPPOSE AU CRÉDIT;

Par Alph. JARRY.

PARIS.

SAUTELET, LIBRAIRE, PLACE DE LA BOURSE.

MAI 1828.

DU SYSTÈME ACTUEL

DE

LA DETTE PUBLIQUE.

LE crédit des Etats repose principalement sur la confiance que l'on a dans leurs ressources réelles et dans leur bonne foi à remplir leurs engagemens. Mais l'on ne saurait disconvenir non plus, que quels que soient, dans une nation, ces élémens de la prospérité du crédit, l'avantage qu'elle peut en retirer pour contracter de nouveaux emprunts, ne dépende beaucoup aussi du système sur lequel est fondée sa dette.

Au moment où notre gouvernement va bientôt ouvrir un emprunt, il ne paraîtra pas inutile de jeter un coup d'œil sur le système qui régit aujourd'hui la dette nationale. Les opérations financières du précédent ministère y ont apporté de grands changemens. En examinant la nature de ces changemens et l'influence qu'ils peuvent exercer sur le jeu du crédit, on sera plus à même de calculer les ressources qu'il peut offrir, et les moyens de s'en servir avec avantage.

Au 1er. janvier dernier la dette publique perpétuelle inscrite, se montait à 200,350,947 fr. de rentes constituées ainsi qu'il suit ; savoir :

En rentes 5 pour $\frac{0}{0}$. . . . 165,345,914 fr.
Id. id. 4 $\frac{1}{2}$ *id.* . . . 1,034,764
Id. id. 3 *id.* . . . 33,970,269
____
Total. . . 200,350,947.

Il reste encore 12 millions de rentes 3 pour $\frac{0}{0}$ à émettre. Ces rentes ayant été votées et les crédits ouverts, il convient de les comprendre dans le total de la dette, qui se trouve alors être de 212,350,947 fr. En retranchant de cette somme, 66 à 67 millions environ qui, appartenant à l'amortissement, à divers établissemens publics ou aux majorats, sont immobilisés, le montant réel de la dette *mobile* ne sera plus que de 145 ou 146 millions environ.

Pour soutenir cette masse de rentes en circulation ou susceptible d'y entrer, le gouvernement possède un fonds d'amortissement de 77,500,000 francs, c'est-à-dire de près de 2 $\frac{1}{4}$ pour $\frac{0}{0}$ du capital de la dette mobile ; et si d'un autre côté on observe les rapides progrès de la richesse publique, on doit croire que la France est dans une situation financière très-favorable au crédit.

Nous voyons en effet, d'après les cours auxquels sont parvenues les différentes espèces de fonds qui composent l'ensemble de la dette, qu'aucun placement sur l'état ne rapporte plus depuis long-temps l'intérêt de 5 pour $\frac{0}{0}$. La rente 3 pour $\frac{0}{0}$ au cours 70, ne rapporte guère que $4\frac{1}{4}$ celle $4\frac{1}{2}$ pour $\frac{0}{0}$ est presque au pair ; et le 5 pour $\frac{0}{0}$ fixé entre les cours de 102 et 103 fr., rapporte également moins de 5 pour $\frac{0}{0}$. Il est à remarquer même, à l'égard de cette dernière rente, que son cours actuel est de beaucoup inférieur à celui auquel elle pourrait parvenir, si elle n'avait dépassé le pair. Car tout individu qui achète du 5 pour $\frac{0}{0}$ au-dessus de 100 fr., courant le risque d'être remboursé par le gouvernement au *pair de* 100 fr., et, par conséquent, de perdre tout ce que sa rente lui aura coûté en sus de ce prix, cette chance défavorable comprime nécessairement le cours de la rente, qui serait très-probablement à 109 ou 110 francs, si elle était garantie contre le remboursement.

On peut donc, je crois, affirmer sans crainte d'errer, que, dans l'état actuel du crédit, le gouvernement doit aisément trouver à emprunter à $4\frac{1}{2}$ ou à $4\frac{5}{8}$ pour $\frac{0}{0}$. Cependant le système actuel de la dette publique est tellement défectueux, qu'on ne pourrait guère aujourd'hui négocier, sur les fonds qui la composent, un emprunt à un intérêt aussi modéré, à moins de se soumettre à des conditions si défavorables, qu'elles surpasseraient tous les avantages de la modicité de l'intérêt.

Un emprunt en rentes 3 pour $\frac{0}{0}$ pourrait, par exemple, être négocié à un cours qui ne représenterait que $4\frac{1}{2}$ pour $\frac{0}{0}$ au plus d'intérêt, mais par une telle opération, l'état se reconnaissant débiteur d'un capital plus élevé de 45 à 5o pour $\frac{o}{o}$ environ, que celui qu'il recevrait effectivement, cet accroissement de capital rendrait un tel emprunt le plus désavantageux possible. Aussi n'est-il entré dans l'esprit de personne de songer à le proposer.

Le 4 $\frac{1}{2}$ pour $\frac{o}{o}$ n'offrirait pas les mêmes inconvéniens. Il pourrait se négocier à un cours assez voisin du capital nominal; il n'accroîtrait par conséquent que dans une proportion très-modérée le capital de la dette, et ne présenterait guère qu'un intérêt de 4 $\frac{2}{3}$ pour $\frac{o}{o}$. Mais il est garanti pendant 10 ans contre le remboursement, et son cours est déjà trop élevé pour qu'il ne soit pas très-probable, surtout s'il était soutenu par un amortissement, qu'il ne dépassât le pair long-temps avant l'époque à laquelle il pourrait être remboursé. Dès lors, la caisse d'amortissement se verrait obligée de l'abandonner ou forcée de le racheter beaucoup au-dessus du prix de son émission; il n'est par conséquent, nullement propre à servir de base à un nouvel emprunt.

Il n'y avait donc réellement que le fonds 5 pour $\frac{o}{o}$, sur lequel le ministre pût proposer une négociation de rentes; et cependant, il est facile de voir qu'un tel emprunt doit coûter un intérêt plus élevé que celui auquel le gouvernement peut prétendre, car non-seulement le cours actuel de ce fonds présente un intérêt très-rapproché de 5 pour $\frac{0}{0}$, mais encore il serait impossible de faire une nouvelle émission à ce cours. Aucun prêteur, en effet, ne voudrait prendre au-dessus du pair, une rente, que vingt-quatre heures après, le gouvernement peut lui rembourser au pair. Si quelques particuliers consentent aujourd'hui à courir ce risque, aucune compagnie financière qui entendrait ses intérêts, ne voudrait s'y soumettre. Il faut nécessairement qu'elle trouve la chance d'un certain bénéfice pour prendre la peine de rassembler tous les capitaux nécessaires au gouvernement; or elle n'aurait plus cette chance, si elle soumissionnait la rente au-dessus du pair; elle ne peut donc l'accepter qu'au-dessous, et par conséquent un emprunt en 5 pour $\frac{0}{0}$ coûterait à l'état plus de 5 pour $\frac{0}{0}$ d'intérêt.

Pour éviter cet inconvénient, la commission de l'emprunt a cru devoir laisser au ministre la faculté de créer un nouveau fonds 4 pour $\frac{0}{0}$, sur lequel on pourrait négocier cet emprunt.

Ce fonds, comme l'a très-bien dit l'honorable rapporteur, serait sans doute un intermédiaire utile entre le 3 et le 5, et représenterait plus exactement l'intérêt actuel de l'argent; mais dans le système de notre dette, la création pure et simple de ce fonds offrirait-elle les avantages que la France, avec toutes ses ressources, est en droit d'obtenir dans un nouvel emprunt? Nous ne le pensons pas.

Nous avons déjà observé que le fonds d'amortissement à la disposition du gouvernement, était à l'égard du capital de toute la dette mobile, dans la proportion de près de 2 ¼ pour °⁄°. L'état du crédit en France est loin, ce me semble, d'avoir besoin d'un si puissant secours. Ne voyons-nous pas en effet, à côté de nous, l'Angleterre chargée d'une dette au moins cinq fois plus forte que la nôtre, soutenir le cours de ses rentes à un taux très-élevé, avec un fonds d'amortissement qui n'est pas d'1 pour °⁄° du capital de sa dette. Beaucoup de personnes vont donc jusqu'à croire que l'on pourrait, sans aucun inconvénient, chercher dans la négociation d'une portion des rentes appartenant à l'amortissement, les moyens de subvenir aux besoins extraordinaires du gouvernement. Mais sans entrer dans cette question, il nous semble qu'on peut au moins très-raisonnablement avancer, que l'accroissement de ce fonds, dans les circonstances actuelles, est un surcroît de dépense inutile, et que si l'action de l'amortissement déjà existant pouvait être plus convenablement répartie, ce fonds suffirait amplement pour supporter une nouvelle émission de rentes, plus forte même que celle qui est projetée.

On objecte 1°. que la loyauté du gouvernement l'oblige à conserver aux anciens créanciers l'intégrité du gage que la loi leur a accordé ; 2°. que plus le fonds de l'amortissement est élevé, plus on rapproche le moment de l'extinction de la dette. Mais si l'on examine attentivement la nature et les effets du système de l'amortissement, on reconnaîtra que ces principes ne sont pas rigoureusement exacts.

On sait que dans les emprunts contractés en *rentes perpétuelles*, le gouvernement ne s'engage jamais à rembourser le capital. Tout ce que le créancier peut exiger, c'est le paiement exact des arrérages, et jamais on ne l'a reconnu investi du droit de réclamer son remboursement. Cependant, un État qui se bornerait à payer les intérêts de la dette, sans prendre des mesures pour l'éteindre ou pour la diminuer, marcherait à grands pas vers sa ruine. Lorsque de nouveaux besoins se feraient sentir et nécessiteraient de nouveaux emprunts, les intérêts de ceux-ci ajoutés à ceux des précédens, grossiraient sa dépense à un point tel que ses ressources deviendraient bientôt insuffisantes pour y faire face. Il ne pourrait plus dès lors servir les arrérages avec la même exactitude ; son crédit tomberait, et il lui serait impossible de trouver de nouveaux prêteurs, s'il en avait besoin. Tous les gouvernemens ont donc senti que, bien qu'ils fussent parfaitement libres de ne point diminuer le capital de leur dette, il était de leur *intérêt* de le faire.

Inventé pour parvenir à ce but, le système de l'amortissement n'est donc réellement et *en droit*, qu'un mode de libération créé dans l'intérêt de l'état. Il n'est pas conçu différemment en Angleterre, où il a pris naissance, et où on applique le fonds d'amortissement, soit en totalité, soit en partie, à celui des effets publics qui présente le plus d'avantage, et sans avoir égard à la quotité du fonds sur lequel il se porte ou de celui qu'il abandonne. Si on y augmente l'amortissement à chaque nouvel emprunt contracté, c'est que, comme nous l'avons vu, cet amortissement n'est pas assez fort, en proportion de la totalité de la dette, pour supporter un surcroît de rentes un peu important, et qu'il est *dans l'intérêt du gouvernement* de ne pas laisser fléchir le cours de ses effets.

Nous venons de voir, d'ailleurs, que le créancier n'a pas le droit d'exiger son remboursement. Or, comment lui supposer le droit d'exiger qu'un fonds toujours croissant, soit affecté irrévocablement au rachat de sa rente, jusqu'à l'extinction de la dernière portion de cette rente? Si l'on observe les effets de l'amortissement sur le cours des fonds publics, on reconnaîtra combien ce droit serait plus étendu que celui d'exiger le remboursement, et combien en même temps, il est nécessaire que la force de l'amortissement soit modérée de temps à autre, si l'on veut obtenir par son moyen, une réduction réelle de la dette.

Le système de l'amortissement repose en entier sur l'action progressive de l'intérêt composé. Cette action est tellement puissante, qu'un fonds d'amortissement d'1 pour 100 au plus du capital de la dette, suffit pour l'éteindre en moins de quarante ans. Tels sont, en théorie, les résultats rigoureux des calculs; mais si on soumet ce système aux chances de la pratique, on s'aperçoit qu'il est impossible que ces calculs se réalisent.

En effet, lorsque le fonds d'amortissement nouvellement créé, est encore dans une faible proportion avec la masse des rentes sur laquelle il agit, les rachats qu'il opère, sur la place n'établissent, à l'égard des autres acheteurs, qu'une concurrence insensible qui ne peut affecter la valeur de l'effet. Mais lorsqu'au bout d'un certain temps, cet amortissement ayant acquis une forte portion des rentes émises, dispose d'un revenu considérable pour agir sur une masse de valeur qu'il a déjà réduite de tout ce dont il s'est accru, on conçoit que la quantité de rente qui paraît alors sur le marché, peut ne plus suffire qu'à peine à ses besoins, joints à ceux des particuliers qui désirent aussi en acquérir, et que dès lors il s'établit entre eux une espèce d'enchère qui doit porter au plus haut degré le prix des rentes. Dans cet état de choses, la modicité de l'intérêt que rapporteraient les effets, ne serait pas même un obstacle à l'accroissement de leur valeur; car si les vrais rentiers, qui ne considèrent les fonds publics que comme un placement, étaient détournés d'y entrer par l'élévation de leur prix, les spéculateurs qui ne cherchent qu'à obtenir des bénéfices sur le capital, et pour qui l'intérêt n'est qu'une considération secondaire, les spéculateurs, dis-je, ne manqueraient pas de s'y précipiter, afin de profiter ensuite de l'obligation où serait l'amortissement d'opérer des rachats réguliers, quelles que soient les variations du cours.

Tel serait l'effet inévitable de l'amortissement, s'il n'était jamais détourné de son application, ni restreint dans sa force progressive. Des circonstances passagères, des événemens malheureux, pourraient, il est vrai, apporter accidentellement quelques obstacles à l'élévation continue du cours des rentes. Mais ces accidens donnant à l'amortissement les moyens de racheter à meilleur marché, et de s'accroître plus rapidement, ne pourraient prévenir le résultat définitif. Ce résultat serait au contraire hâté, si l'accroissement de la richesse publique et l'abondance des capitaux, venaient se joindre à l'action de l'amortissement pour favoriser l'élévation du cours des effets publics.

Lors donc que dans un État, la richesse publique ne suit pas une marche évidemment rétrograde, les rentes doivent rapidement parvenir au pair. Quel est alors le devoir de l'amortissement ? Soutiendra-t-on qu'il doit continuer à agir sur des effets qu'il est exposé à racheter peut-être un tiers, peut-être moitié au-dessus du prix auquel il les a vendus ? Ce n'est, je le pense, ni l'intérêt du gouvernement de le faire, ni le droit du créancier de l'exiger.

Le gouvernement, dit-on, est libre alors de rembourser la rente. Sans doute ; mais s'il n'use pas de ce droit, est-ce une raison pour l'obliger à racheter cette rente au-dessus du prix où il pourrait la rembourser? Et s'il en use, que devient alors l'effet théorique de l'amortissement, *de racheter dans un temps donné, et pour une époque prévue, toute la masse de la dette;* que devient aussi le droit du créancier à l'intégrité de l'amortissement jusqu'à l'extinction totale de la dette? Car, remarquons bien que le remboursement de la rente n'est pas l'extinction de la dette; le gouvernement ne peut rembourser qu'au moyen d'un nouvel emprunt ou d'une conversion facultative de la part du porteur de l'ancienne rente en une rente nouvelle; c'est donc un changement dans la forme de la dette, mais point du tout une diminution dans le fonds.

Quand le gouvernement en est arrivé au point d'opérer cette conversion, peut-on prétendre que les créanciers convertis conservent dans le nouveau fonds, leur droit à l'intégrité de l'amortissement? Cette théorie n'est pas soutenable; car les calculs les plus prolongés, ne peuvent montrer le terme, où, après plusieurs conversions successives, l'amortissement finirait par avoir racheté la totalité de la dette.

Il me semble donc démontré, 1°. que le créancier de l'état n'a pas le droit d'exiger l'affectation irrévocable de l'amortissement au rachat de sa rente, ou qu'au moins ce droit, s'il le possède (ce dont il est permis de douter), aurait pour limite l'époque où cette rente serait parvenue au pair;

2ᵈ. Que l'amortissement, quelle que soit sa puissance, ne pouvant jamais éteindre en totalité une dette (1), ne doit servir entre les mains de l'état qu'à la diminuer, en un mot, qu'à alléger les charges des contribuables qui en paient les arrérages ; et que, pour arriver à ce but, il est nécessaire que ce fonds conserve toujours une certaine proportion avec le montant total de la dette de l'État.

Si ces principes sont vrais, on avouera que dans l'état présent du crédit, au cours où sont tous les effets publics, on devrait pouvoir aisément augmenter de 80 ou 100 millions le capital de la dette sans accroître le fonds d'amortissement ; car, d'une part, ce fonds est déjà dans une proportion au moins suffisante à l'égard du capital de toute la dette ; et, de l'autre, les porteurs du 3 pour 100, qui n'en possèdent que la plus faible portion, ne peuvent prétendre à la jouissance exclusive de tout cet amortissement, tandis que les porteurs du 5, dont la rente est depuis long-temps au-dessus du pair, et qui ont par conséquent obtenu largement tout ce qu'ils pouvaient exiger du gouvernement, seraient évidemment mal fondés à prétendre que l'amortissement doit continuer à racheter leur rente.

---

(1) Lorsque l'on commença à appliquer, en Angleterre, les principes de l'amortissement aux emprunts, on avait annoncé l'extinction totale de la dette pour l'année 1825.

Cependant la dette publique est tellement constituée aujourd'hui, qu'il est presque impossible de contracter un nouvel emprunt, soit en 4, soit en 5 pour 100, sans accroître le fonds d'amortissement de toute la somme nécessaire au nouvel emprunt.

En effet, un nouvel emprunt, plus qu'aucun autre, a besoin d'être soutenu par un amortissement. Les capitalistes qui le soumissionnent, ne le font, ainsi que nous l'avons dit, que dans l'espoir d'un certain bénéfice, et ils veulent être assurés qu'un fonds d'amortissement viendra absorber une partie des rentes qu'ils écouleront sur la place, afin que leur grande abondance n'en fasse pas fléchir le cours. Aujourd'hui tout l'amortissement est affecté au rachat de la rente 3 pour %. On pourrait sans doute en distraire une portion pour l'appliquer au rachat de la rente en laquelle serait constitué le nouvel emprunt; mais ce serait aller évidemment contre le principe énoncé plus haut, qui veut que ce fonds agisse toujours dans l'intérêt de l'état. Car lorsqu'il peut racheter pour 70 francs une rente émise à 75 francs, une rente qui représente un capital de 100 francs, et que dans peu d'années peut-être il ne pourra plus racheter qu'à 78 ou 80 francs (1), quelle autre destination pourrait lui être plus avantageuse ?

____

(1) Ce n'est pas une hypothèse gratuite, car si l'on persiste dans le système actuel, dans sept ou huit ans, l'amor-

On est donc réduit, par la disposition actuelle de la dette, à ne pouvoir profiter de la puissance de l'amortissement pour soutenir un nouvel emprunt; à augmenter, par conséquent encore, ce fonds déjà si considérable; en un mot, à accroître d'1 pour $\frac{0}{0}$ la dépense de l'état pour le service des rentes qu'il va émettre, ce qui portera cette dépense à 5 $\frac{1}{2}$ pour $\frac{0}{0}$ au moins.

Si au contraire la force de l'amortissement était mieux appliquée; si, au lieu d'être absorbée par le 3 pour $\frac{0}{0}$, elle agissait sur un fonds qui (comme du 4 pour $\frac{0}{0}$ par exemple) fût en harmonie avec l'état du crédit, il est évident que pour une nouvelle émission de 4 ou 5 millions de rentes, il serait tout-à-fait inutile d'en accroître la proportion, et que par conséquent l'accroissemeut de dépense annuelle qu'occasionerait à l'État le nouvel emprunt, ne s'élèverait pas à plus de 4 $\frac{1}{2}$ pour $\frac{0}{0}$ du capital de cet emprunt.

Mais tant que la rente 3 pour $\frac{0}{0}$ existera dans une aussi forte proportion, on ne saurait espérer une amélioration réelle dans le système de la dette. Cette rente, eu égard au capital nominal qu'elle représente, rapporte un intérêt trop au-dessous de l'intérêt commun des capitaux. Il en résulte que son cours sera toujours inférieur à celui

---

tissement, qui approchera alors de 100 millions; n'ayant plus à agir que sur une vingtaine de millions de rentes 3 pour $\frac{0}{0}$, devra nécessairement les porter à un cours très-voisin du pair.

des rentes constituées à un intérêt plus en rap-
port avec l'intérêt de l'argent, et que l'amortissement aura continuellement un avantage évident à
opérer sur cette rente 3 pour °/°. Or, comme à
cause même de l'infériorité de son cours, elle n'est
nullement propre à se prêter à la négociation de
nouveaux emprunts, on peut dire qu'elle paralyse
l'action de l'amortissement, et qu'elle la rend
nulle pour le crédit.

Dans cet état de choses la création d'un nouveau
fonds 4 pour °/° ne serait donc qu'une mesure incom-
plète, puisqu'elle ne remédierait à aucun des inconvéniens qu'on vient de signaler, et que si dans
quelque temps on était obligé d'avoir encore recours
au crédit, les mêmes embarras se représenteraient.
Que deviendrait d'ailleurs sur la place, une faible
quantité de 4 millions de rentes 4 pour °/°, placée
entre 40 millions de rentes 3 pour °/° et 100 millions de rentes 5 pour °/°. Bientôt étouffée sous le
poids de ces deux fonds qui attirent toutes les
négociations de la bourse, elle y deviendrait pres-
qu'aussi inconnue que l'est aujourd'hui le 4 ½.

Ainsi donc le système de notre dette entrave
tous les ressorts du crédit ; non - seulement il
n'offre aucun fonds sur lequel il soit possible de
négocier un emprunt aux conditions que l'on a
droit d'espérer dans notre situation financière ;
mais, de plus, il devient un obstacle aux avantages
que l'on pourrait retirer de la création d'un nouveau fonds.

On sent moins peut-être aujourd'hui les incon-véniens de cette situation, parce que le gouverne-ment n'éprouve que des besoins très - modérés ; mais si, au lieu de 4 ou 5 millions de rentes, il fallait en négocier 20 ou 25, il est facile de con-cevoir le tort que ferait à l'État la disposition ac-tuelle de la dette publique et de l'amortissement.

Il paraît donc indispensable de chercher les moyens d'améliorer cette situation, soit pour que l'on puisse jouir, dès à présent, des ressources que nous offre notre crédit, soit pour prévenir les em-barras plus grands dans lesquels pourraient nous jeter des besoins futurs.

En résumant ce que nous avons dit jusqu'ici, on s'aperçoit que le grand inconvénient du système actuel, c'est que toute la force de l'amortissement est obligée de se concentrer sur un fonds 3 p. $\frac{o}{o}$, qui n'est point susceptible de servir de base à de nouveaux emprunts, et que par conséquent l'in-fluence de cet amortissement sur le cours des effets, est peu profitable à l'État. Nous avons re-marqué, au contraire, que si cette influence pou-vait s'exercer sur un fonds 4 p. $\frac{o}{o}$, qui se prêterait sans inconvénient à une nouvelle émission de rentes, le gouvernement en retirerait tous les avan-tages qu'il est en droit d'en attendre. Or on par-viendrait à ce résultat, si l'on obtenait la conver-sion du 3 p. $\frac{o}{o}$ aujourd'hui existant, en un nouveau fonds 4 p. $\frac{o}{o}$.

Le gouvernement anglais nous a donné l'exemple de ces sortes de conversions. En 1818, il fit passer dans un fonds 3 $\frac{1}{2}$ p. $\frac{o}{o}$, les porteurs des rentes 3 p. $\frac{o}{o}$, en recevant, pour prix de cet échange, la somme formant la différence de la valeur des capitaux des deux effets. Cette conversion fut citée comme une des opérations financières (1) les plus utiles du ministère d'alors.

Quant à celle que je propose, elle est basée sur les mêmes principes, et aurait des résultats non moins avantageux. Voici de quelle manière elle pourrait s'exécuter. Tout rentier porteur aujourd'hui d'une inscription de 3 fr. de rente 3 p. $\frac{o}{o}$, en obtiendrait l'échange contre une inscription de 4 fr. de rente 4 p. $\frac{o}{o}$, en versant au trésor une somme de 20 fr.

Je fixe cette somme à 20 francs, parce que, la conversion devant être essentiellement facultative, il faut nécessairement que le rentier trouve du bénéfice à la requérir. Or aujourd'hui 1 fr. de rente, en quelqu'espèce de fonds que ce soit, coûte plus de 20 fr. En 3 p. $\frac{o}{o}$, 1 fr. de rente coûte, au prix de 70 fr. (cours actuel de la place), 23 fr. 33 c. $\frac{1}{3}$; si donc le rentier obtenait l'échange d'une rente de 3 fr. contre une rente de 4 fr. ; en d'autres

---

(1) M. le comte Roy, aujourd'hui Ministre des finances, a rappelé cette opération dans le discours si remarquable qu'il prononça à la Chambre des Pairs, le 25 avril 1825, au sujet de la loi du 3 pour $\frac{o}{o}$. Il a fait voir tous les avantages que le gouvernement anglais en avait retirés.

termes, s'il acquérait 1 fr. de rente moyennant 20 fr., il gagnerait 3 fr. 33 c. $\frac{1}{3}$ pour 20 fr., c'est-à-dire, 16 $\frac{2}{3}$ p. $\frac{\circ}{\circ}$ sur le capital qu'il emploierait à la conversion. Ce bénéfice présent et effectif compenserait certainement à ses yeux la perte éventuelle de 33 $\frac{1}{3}$ p. $\frac{\circ}{\circ}$ qu'il éprouverait par le fait, sur le capital nominal de sa créance, car 4 fr. de rente 3 p. $\frac{\circ}{\circ}$ lui eussent représenté un capital de 133 fr. 33 c. $\frac{1}{3}$, tandis que 4 fr. de rente 4 p. $\frac{\circ}{\circ}$ ne lui représentent qu'un capital de 100 fr.

Combinée de cette manière, la conversion serait donc recherchée de la plus grande partie des rentiers. Examinons maintenant quels en seraient les résultats à l'égard du gouvernement.

En supposant que la conversion eût lieu sur 30 millions de rentes, par exemple, on trouve que cette somme de rentes convertie en 4 pour $\frac{\circ}{\circ}$, à raison de 20 francs pour chaque rente de 3 francs, procurerait à l'état une somme de 200,000,000 francs, et qu'elle produirait sur la dette un accroissement d'intérêts de 10 millions par an, ce qui équivaut à un emprunt contracté à raison de 5 pour $\frac{\circ}{\circ}$ d'intérêt. Mais 30 millions de rentes 3 pour $\frac{\circ}{\circ}$, représentent un capital de 1 milliard; 40 millions de rentes 4 pour $\frac{\circ}{\circ}$ ne représentent également qu'un capital de 1 milliard; il n'y aurait donc aucun accroissement du capital de la dette.

Il faut observer cependant, que le rachat de 40 millions de rentes 4 pour $\frac{\circ}{\circ}$, effectué par l'amortissement au cours de la place, coûterait plus cher à l'État, que celui de 30 millions de rentes 3 p. 0/0. Mais ce surcroît de dépense ne s'élèverait pas, selon toute probabilité, à la somme de 200 millions, dont l'opération mettrait en possession dès aujourd'hui le gouvernement. En effet, si l'on calcule la dépense nécessaire pour racheter 30 millions de rentes 3 pour 0/0 au cours moyen de 80 francs seulement, évaluation qu'on peut regarder comme modérée (1), on trouve que cette dépense se monterait à la somme de . . . . . . 800,000,000 fr.

Tandis que le rachat de 40 millions de rentes 4 pour 0/0, au cours moyen de 95 francs, coûterait. . . . . 950,000,000 fr.

Différence. . . . . 150,000,000 fr.

Or, l'état ayant reçu 200 millions, et le surcroît de dépense occasioné par le rachat de cet emprunt n'étant que de 150 millions, il se trouverait avoir gagné 50 millions.

Au moyen de cette opération, le gouvernement n'aurait pas besoin d'augmenter son fonds d'amortissement, puisque le capital de la dette ne serait pas accru. Il suffirait que l'action de l'amortissement fût répartie proportionnellement entre ce qui subsisterait de la rente 3 pour 0/0 et la masse des nouvelles rentes 4 pour 0/0. Si au contraire, adoptant le système de la commission, il emprun-

____

(1) Voir la note page 17.

tait la même somme de 200 millions, en rentes 4 pour % avec un fonds d'amortissement qui y fût affecté ; en supposant qu'il négociât ces rentes au taux de 90 francs, il aurait à payer annuellement savoir :

Pour les intérêts. . . . .   8,888,888 fr.

Pour l'amortissement, à raison de 1 pour % du capital. . . . . .   2,222,222 fr.

Total. . . .   11,000,000 fr.

L'emprunt en rentes 4 pour % coûterait donc annuellement un million de plus, et grèverait encore l'État d'un capital de 222 millions.

Ainsi les résultats effectifs de l'opération seraient à la fois profitables à l'État et aux rentiers. Mais elle présenterait encore bien d'autres avantages, par les heureuses modifications qu'elle apporterait dans le système de notre dette.

On a beaucoup parlé, à l'époque de la création des rentes 3 pour %, de l'avantage que l'État trouverait à posséder plusieurs fonds publics d'une nature différente. On insistait surtout sur les facilités que présentait au gouvernement l'existence simultanée de ces divers fonds, pour faire passer dans une rente déjà existante et dont le cours est connu, les porteurs d'autres rentes constituées à un intérêt plus élevé, lorsque celles-ci ont dépassé le pair. Cet avantage est vrai sans doute ; mais il ne se rencontre pas, par le fait, dans le système actuel de la dette, parce que la disproportion qui doit nécessairement exister entre les cours de deux rentes qui, comme le 3 et le 5 pour %, rapportent des intérêts très-différens, rendrait cette conversion onéreuse, par l'énorme accroissement qui en résulterait dans le capital de la dette. Il n'en serait plus ainsi, si, au lieu du 3 pour %, l'État possédait un fonds 4 pour %. Il est très-probable en effet que ce nouveau fonds aurait très-prochainement atteint le cours de 90 ou 91 francs. On pourrait dès-lors très-facilement, au moyen de l'offre légale du remboursement, faire passer dans le 4 pour % les porteurs du 5. Une semblable conversion opérée au taux de 90 fr. seulement, n'accroîtrait le capital de la dette que de 11 pour %, et procurerait à l'état un bénéfice de plus de ½ pour % sur les intérêts de toute la dette constituée aujourd'hui en 5 pour %. Cette réduction d'intérêts ferait plus que compenser l'augmentation de 10 millions produite par la conversion antérieure du 3 en 4 pour %.

Voici quel serait l'état de la dette après cette seconde opération, en supposant qu'elle eût lieu sur 100 millions de rentes, formant à peu près aujourd'hui le total des rentes 5 pour % qui ne sont pas immobilisées.

Aujourd'hui. 100,000,000
de rentes 5 pour % représentent un capital de. 2,000,000,000
Ce capital converti en rente 4 pour % au cours

A reporter. . . . . . : 100,000,000   2,000,000,000

D'autre part.	100,000,000	2,000,000,000
de 90 fr. donnerait en intérêt.	88,888,888	
représentant un capital de.		2,222,222,222
L'état gagnerait donc sur les intérêts.	11,111,112	
Et perdrait sur le capital.		222,222,222

La conversion antérieu-
re du 3 en 4 p. $\frac{0}{0}$ aurait
augmenté, comme on l'a
vu, les intérêts de, ci.. . .   10,000,000

Mais comme elle aurait
fourni à l'état une somme
de 200 millions sans ac-
croître le capital de la
dette, il convient de faire
entrer cet avantage en
ligne de compte, ci.   200,000,000

Le résultat après les 2
opérations serait donc un
bénéfice réel de.   1,111,112
sur les intérêts, et une
perte éventuelle en capi-
tal de.   22,222,222

En un mot, lorsque les deux opérations au-
raient été terminées, le gouvernement aurait été
mis en possession de 200 millions, aurait 1 million de moins d'intérêt à payer par an, et n'aurait, pour tous ces avantages, accru le capital de la
dette que de 222 millions.

En portant maintenant ses regards encore plus
loin dans l'avenir, on remarquera que si l'état du

crédit vient à s'améliorer au point de faire tomber le taux de l'intérêt au-dessous de 4 pour %, cette heureuse circonstance qui, dans le système actuel, ne permettrait d'apporter aucun changement avantageux à l'état de la dette, donnerait, si elle était constituée en 4 pour %, la facilité d'obtenir une nouvelle réduction d'intérêt. En effet, que la rente 3 pour % soit portée, par la force du crédit, à 86 fr. (ce qui ne représente qu'un intérêt de 3 $\frac{1}{2}$ environ), le gouvernement ne pouvant offrir le remboursement de cette rente qu'au pair, devrait nécessairement continuer à en payer les intérêts tels qu'ils sont aujourd'hui. Si au contraire cette rente était convertie en 4 pour %, l'intérêt étant à 3 $\frac{1}{2}$, le 4 pour % aurait dépassé le pair, et l'état pourrait alors obtenir, par l'offre légale du remboursement, une diminution importante sur les intérêts.

Une conversion d'une rente constituée à un intérêt élevé en une autre rente moins onéreuse, est en effet une opération avantageuse pour l'État et même fondée en justice à l'égard de son créancier, lorsqu'elle a pour principe une baisse évidente dans le taux commun de l'intérêt de l'argent; mais pour que la réduction de la rente n'affecte pas sensiblement la fortune du rentier, il faut qu'elle soit faite avec mesure et dans de faibles proportions, comme, par exemple, d'un $\frac{1}{2}$ pour % environ. Il est très-préférable de répéter ces opérations plus souvent, et au fur et à mesure de la baisse naturelle de l'intérêt des capitaux. D'après la mobilité d'une propriété telle que les rentes sur l'état, des réductions successives portent rarement sur les mêmes individus ; chaque nouvel acquéreur de l'effet public peut éprouver une perte d'un dixième ou d'un neuvième sur son revenu, sans que son aisance en soit trop diminuée, et l'on parvient ainsi presque insensiblement à une réduction importante des intérêts de la dette, sans jeter le trouble et l'effroi parmi les rentiers. Si au contraire, comme dans la conversion de 1825, on veut leur faire subir immédiatement une perte d'un cinquième, et surtout lorsque le taux commun de l'intérêt de l'argent ne justifie pas une pareille mesure, on s'expose à de justes reproches.

Il résulterait encore de la réunion de la plus grande partie de la dette en un fonds 4 pour $\frac{0}{0}$, plus de régularité dans l'action de l'amortissement. Forcé aujourd'hui d'abandonner le rachat de toute la portion de la dette qui a dépassé le pair (et c'est la plus forte), son action concentrée sur une seule espèce de rente, en entretient le cours dans une élévation factice qui sert d'appât à l'agiotage. Il en résulte qu'une partie trop considérable des effets publics se trouve entre les mains des spéculateurs, qui, obligés souvent de les abandonner tout à coup, lorsque quelqu'événement imprévu vient déranger leurs calculs, font alors subir à leur cours des variations considérables et produisent ce qu'on appelle en Angleterre des *Paniques*, qui affectent tout le crédit de l'État.

On objectera peut-être à l'opération qu'on vient de proposer que le gouvernement qui se borne à demander 80 ou 90 millions n'en a pas besoin de 200, et qu'il est par conséquent inutile d'accroître le budget de la dette publique de 10 millions lorsqu'on peut se borner à 4 ou 5 ; mais remarquons que les 4 ou 5 millions de dépense annuelle que coûterait un emprunt pur et simple en 4 pour $\frac{0}{0}$, accroîtraient le capital de la dette de 100 millions, tandis que la conversion ne produirait aucun accroissement de ce genre. Cette économie de 100 millions sur le capital ne peut-elle pas paraître un équivalent suffisant d'un excédant de 5 à 6 millions d'intérêt par an ?

Rappelons-nous encore que le ministre des finances a annoncé au commencement de la session qu'il existait un déficit de 200 millions ; que s'il n'a pas proposé jusqu'à présent des moyens pour régulariser cette situation fâcheuse, il n'en a sans doute été détourné que par les difficultés que le système de la dette oppose à toute négociation de rentes, et que si un mode avantageux se présente de trouver les fonds nécessaires pour diminuer la dette flottante, il ne serait pas sans avantage d'en profiter.

Au surplus, lors même que la situation politique de la France ne nécessiterait pas un emprunt, lors même que le remboursement de la dette de l'Espagne et l'accroissement successif des revenus de l'État promettraient des ressources assurées pour combler le déficit, les vices du système actuel de la dette me paraissent si graves, qu'on n'en devrait pas moins, ce me semble, persister à désirer la conversion du 3 en 4 pour %. Dans ce cas, on pourrait la combiner de manière à ce qu'elle n'apportât pas dans les caisses du Trésor des capitaux qui y deviendraient inutiles. Il suffirait pour cela de décider que les 20 fr. de différence à verser par les rentiers, serviraient à rembourser et à annuller immédiatement une portion équivalente de la nouvelle rente. Par ce moyen, l'État n'accroîtrait que dans une très-faible proportion les intérêts de la dette, et en diminuerait considérablement le capital. Le rentier trouverait encore dans ce nouveau mode de conversion tous les avantages capables de l'y attirer. En effet, une somme de 20 fr. ne pouvant rembourser que 80 c. de rentes 4 pour %, tandis que la conversion offrirait un accroissement d'intérêt de 1 fr., il obtiendrait un bénéfice net de 0,20 c., sans qu'il fût obligé de rien débourser.

A l'égard de la dette de l'Etat, voici les modifications qu'y apporterait cette conversion, en supposant qu'elle eût lieu sur 3o millions de rentes 3 pour %. Cette masse de rentes, convertie en 4 pour % porterait les intérêts à. .   4o,ooo;ooo fr.

Mais les 20 fr. donnés par chaque rente de de 3 fr. formeraient un capital de 2oo millions, qui employés immédiatement à rem-

A reporter. 4o,ooo,ooo

D'autre part. . . . 40,000,000

bourser une portion de la nou- ————————

velle rente, en absorberaient pour. 8,000,000

Il en résulterait que les rentes

4 pour $\frac{o}{o}$ seraient réduites à. . . . 32,000,000

représentant un ca-

pital de. 800,000,000

Or, sans cette con-

version il eût existé

en rentes 3 pour $\frac{o}{o}$. 30,000,000

représentant un ca-

pital de. 1,000,000,000

Elle aurait donc ———————— ————————

produit, sur les

intérêts de la dette,

un accroissement

de. 2,000,000

Et sur le capital

une réduction de. 200,000,000

Résultat semblable à celui d'un emprunt contracté à 1 pour $\frac{o}{o}$ seulement d'intérêt. Ce mode de
conversion présenterait du reste tous les mêmes
avantages que l'autre, quant à l'amélioration de
notre système financier, et au rétablissement de
l'action régulière de l'amortissement.

Je terminerai ici ces réflexions. Mon intention
n'a pas été de tracer un plan complet de finance,
mais de soumettre seulement aux méditations des
hommes à qui ces matières sont familières, un
aperçu des améliorations qu'il me semble possible

d'apporter dans le système de la dette. Beaucoup de parties de cet écrit demanderaient sans doute de plus amples développemens; mais si le germe des idées qu'il renferme a quelque valeur, il ne sera pas perdu à une époque où tant de talens éminens sont appelés à s'occuper des affaires de l'État.

Je ne me dissimule pas toutefois, que l'exécution pourrait présenter quelques difficultés que j'oserai appeler *morales*. Le malheureux résultat des opérations de finances du précédent ministère a inspiré à tous les esprits une certaine méfiance pour ces grandes mesures qui changent les rapports établis entre le gouvernement et ses créanciers, et qui remuent des masses de capitaux aussi considérables. Cependant il faut observer que l'opération dont il est question ici et les circonstances sous l'influence desquelles elle s'exécuterait, ne sont plus de la nature de celles de 1825. Aujourd'hui une administration loyale et éclairée est à la tête des affaires, une chambre des députés indépendante discute avec zèle les intérêts du pays; qui pourrait voir avec défiance les actes qui émaneraient d'une telle source? Tout devient facile en France, à un gouvernement qui veut sincèrement le bien; car, ainsi que l'a dit le ministre des finances : « Des Français s'entendront » toujours lorsqu'il s'agira de la prospérité de leur » pays ».

FIN.

www.ingramcontent.com/pod-product-compliance
Lightning Source LLC
Chambersburg PA
CBHW061115050726
47594CB00005B/1953